LA GRANDE IMAGERIE

LES CHATS

Conception
Émilie BEAUMONT

Auteur
Agnès VANDEWIÈLE

Illustrations
Bernard ALUNNI
Marie-Christine LEMAYEUR

Nous remercions pour leurs précieux conseils :
Dr Séverine Chichery, vétérinaire,
Dr Antoine Bouvresse, vétérinaire comportementaliste,
et Nicolas Revenant, de la Fédération Féline Française.

FLEURUS

FLEURUS ÉDITIONS, 57 Rue Gaston Tessier, 75019 PARIS
www.fleuruseditions.com

LE CHAT

Le chat est un mammifère qui appartient à la famille des félins, comme le lion et le tigre. Carnivore comme eux, il a des mâchoires et des crocs conçus pour manger de la viande. Son corps, robuste et souple, couvert d'une fourrure, est profilé pour la chasse.
Ses sens sont extraordinairement développés, en particulier la vue, l'ouïe et l'odorat. Comme chez presque tous les mammifères, les petits se développent dans le ventre de la mère chatte, qui a des mamelles pour les allaiter. Un chat domestique peut vivre pendant quinze ans environ.

Le pelage et la peau

Le pelage est formé de trois types de poils : des poils longs, épais et imperméables, qui protègent le chat des intempéries, des poils intermédiaires, souples et fins, et des poils tout doux, nombreux s[ur] le ventre et sur le dos, qui maintiennent son corps [à] la bonne température. Souple et élastique comme du caoutchouc, la peau préserve le chat des blessures et des agressions extérieures (vir[us], bactéries...). Elle contient des glandes produisant une matière qui garde ses poils sains et brillants.

L'odorat

Le nez du chat, appelé truffe, est moins performant que celui du chien, mais nettement plus développé que le nôtre : il peut reconnaître plusieurs milliers d'odeurs. L'odorat dépend aussi d'un petit organe qui relie le nez à la voûte du palais (l'organe de Jacobson) et qui permet au chat, en inspirant par sa gueule entrouverte, de sentir la moindre odeur qui flotte dans l'air.

Doux et souples, les coussinets, recouverts d'un cuir très solide comme une semelle, protègent le dessous des pattes des intempéries et permettent au chat de marcher partout, sur toutes sortes de sols, sans se faire mal et sans faire de bruit !

s oreilles

es des antennes, elles peuvent bouger épendamment l'une de l'autre dans tous sens pour repérer finement la source n bruit. Le chat est capable de percevoir s ultrasons, inaudibles pour l'homme, d'identifier des sons provenant de deux ections différentes, comme le chant n oiseau et les pas de son maître.

s moustaches ou vibrisses

sont de longs poils très sensibles qui ent le chat à se diriger, à éviter les obstacles, valuer la largeur d'un passage étroit (si les risses passent, le corps du chat passe) ou à repérer le moindre courant d'air provoqué par le mouvement d'une proie proche.

s pattes

s pattes arrière aident chat à se propulser d'un ond en avant, tandis que celles devant amortissent les chocs. chat court en moyenne à km/h. Il a cinq doigts sur s pattes de devant et quatre sur s pattes de derrière. Il se déplace r le bout de ses doigts.

Les yeux

Le chat a une vision panoramique. S'il ne voit pas très bien de près et ne distingue pas certaines couleurs, comme le rouge, il peut voir dans la pénombre grâce à des cellules au fond de ses yeux qui réfléchissent, comme un miroir, la moindre lueur. Mais, dans le noir complet, le chat ne voit plus du tout ! Dans l'obscurité, ses pupilles s'arrondissent pour capter le maximum de lumière. Inversement, en plein soleil, elles se contractent en une mince fente pour qu'il ne soit pas ébloui.

La langue râpeuse du chat, couverte de petites excroissances, l'aide à saisir les aliments et à laper de l'eau. Elle lui sert aussi de brosse pour nettoyer et lustrer son poil.

Au-delà des cinq sens

Le chat possède aussi le sens de l'équilibre, grâce à son oreille interne qui coordonne ses mouvements. Ses coussinets, son nez, ses oreilles ont des capteurs qui l'informent sur la température qu'il fait. On dit même qu'il serait capable de prévoir des catastrophes naturelles, comme les séismes, et aurait un sens de l'orientation exceptionnel. Ainsi, certains chats perdus ou abandonnés ont parcouru des centaines de kilomètres pour retrouver leur maison !

Les griffes du chat sont rétractiles : il peut les rentrer ou les sortir à volonté. Comme ses griffes poussent pendant toute sa vie, il les use régulièrement sur un tronc d'arbre ou parfois même sur le tapis du salon !

LE LANGAGE DU CHAT

Pour communiquer avec ses congénères ou avec ses maîtres, le chat, tel un mime, utilise toutes les parties de son corps. Il peut prendre plus d'une soixantaine d'attitudes différentes ! Il communique aussi grâce au toucher (par ses caresses ou en se frottant contre un meuble ou une personne), par des sons (quand il miaule, feule ou ronronne), ou encore en déposant des odeurs sur son territoire. Il a ainsi à sa disposition un large éventail de moyens pour se faire comprendre. À son maître de les décoder !

Miauler

Pourquoi le chat miaule-t-il ? Selon les cas, son miaulement peut signifier à son maître : « Donne-moi à manger ! », « Caresse-moi ! » ou au contraire : « Ne me dérange pas ! » Miauler peut aussi être un signe d'agacement ou l'appel d'une chatte en chaleur qui, à la recherche d'un fiancé, se signale aux matous du quartier ! Et si un chat voit qu'un autre chat empiète sur son territoire, il miaule pour tenter de repousser l'intrus. Dès sa naissance, le chaton vocalise afin d'alerter sa mère qu'il a froid ou faim.

Les mystères du ronron

Quand il est heureux, lorsqu'il mange ou somnole bien à son aise, le chat émet un son ressemblant au ronflement d'un petit moteur. Mais le ronronnement ne traduit pas seulement le contentement du chat. Il peut également exprimer un état de souffrance ou de détresse, par exemple quand le chat se trouve sur la table du vétérinaire ou quand il va mourir. Un chat malade ronronnera aussi pour lutter contre la douleur, car le ronronnement aurait des vertus apaisantes. Un chat ronronne toute sa vie. Chaton, il commence souvent la première fois à l'âge de seulement deux jours, quand il tète sa mère, qui lui répond en ronronnant elle aussi ! Des chercheurs ont découvert que le ronronnement du chat aurait également des effets bienfaisants sur l'homme, réduisant le stress et la tension nerveuse.

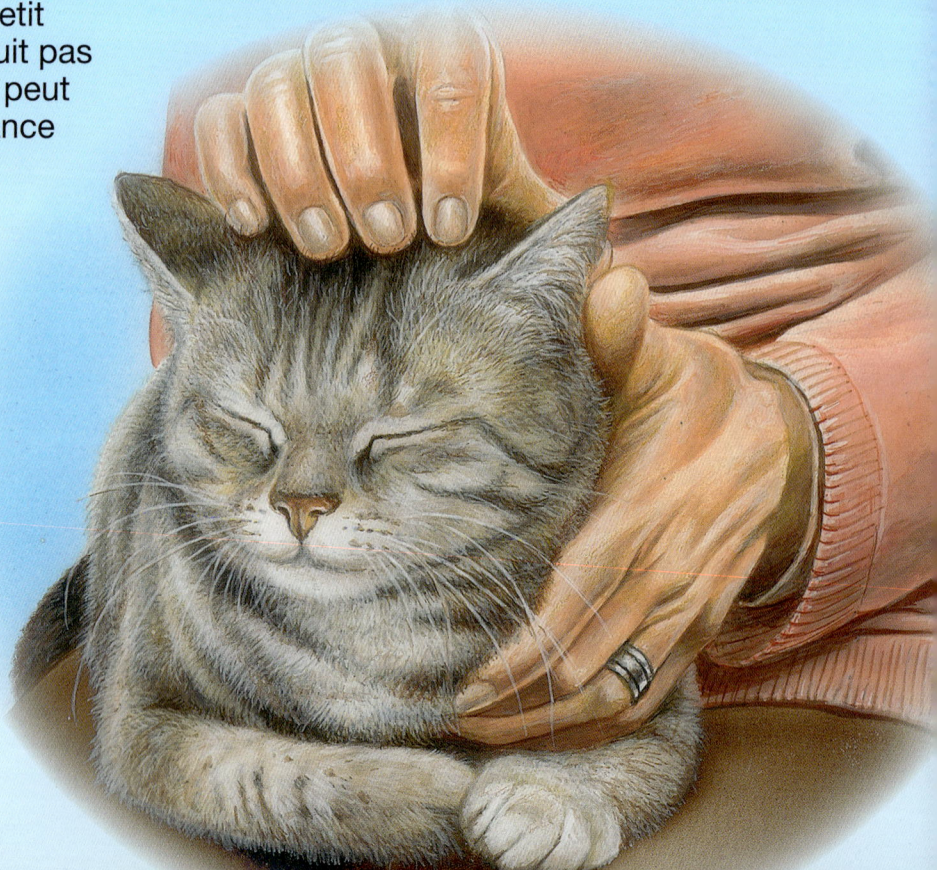

Caresses, frôlements et coups de langue

Caressant obstinément les meubles de sa tête, le chat y dépose des sécrétions odorantes (les phéromones) qui le rassurent. Ces messages olfactifs qu'il laisse ainsi derrière lui signaleront aux autres chats qu'ils se trouvent sur un territoire déjà occupé. Si le chat se frotte contre la jambe de son maître ou lui lèche la main, cela signifie qu'il le voit comme une personne amie.

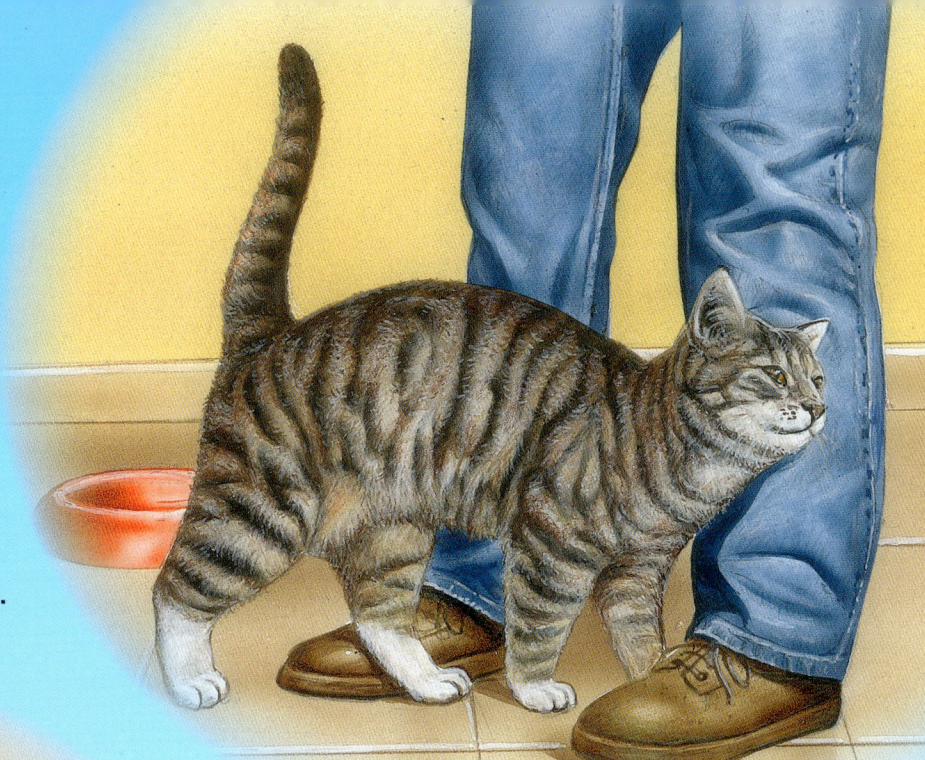

Faire le chaton

Dans les moments de bien-être, le chat piétine parfois une couverture ou les genoux de son maître avec ses pattes avant. En fait, il reproduit le geste du chaton qui pétrit les mamelles de sa mère pour stimuler la montée de lait. Comme retombant en enfance, le matou manifeste ainsi un état de confiance et de contentement.

Feuler et cracher

Pour s'exprimer, un chat ne se contente pas de miauler ; il possède un registre vocal tout aussi varié que celui du chien. S'il se sent agressé ou menacé, il ouvre sa gueule, rabat ses oreilles, découvre ses crocs et produit une sorte de sifflement, le feulement, ultime avertissement avant une attaque ! Il peut aussi cracher, souffler et grogner avant de donner un coup de patte ou de dent à un congénère menaçant. Enfin, si le chat a repéré une proie, par exemple un pigeon derrière la fenêtre, il fait alors claquer ses mâchoires.

Total abandon

En confiance totale, le chat s'étire de tout son long par terre, le ventre à l'air et les pattes relâchées. En exposant ainsi la partie la plus vulnérable de son corps, il attend qu'une main bienveillante vienne le caresser.

Content de rencontrer un ami

Pour montrer leur amitié, deux chats, la queue droite avec la pointe recourbée, se reniflent et se débarbouillent mutuellement à coups de langue. C'est leur façon à eux de montrer leur attachement.

Attitude menaçante

Attention, voici que surgit un adversaire menaçant ! Pour l'effrayer, le chat se voûte, fait le gros dos, hérisse ses poils et gonfle sa queue. Oreilles plaquées sur le côté, il dilate ses pupilles, retrousse ses babines et se met à feuler. Et pour paraître encore plus impressionnant, il se déplace de travers !

Pas un pas de plus !

Apeuré, inquiet, le chat se tasse, rentre sa nuque, se fait tout petit. Ses pupilles se dilatent, ses oreilles se recourbent sur sa tête et il plaque sa queue le long de son corps. Mais si on s'approche de trop près et qu'il ne peut se sauver, attention, il risque d'attaquer !

Une queue qui en dit long

La queue du chat est un vrai baromètre de son humeur. Queue dressée, le chat manifeste sa joie et son contentement, par exemple pour faire fête à son maître qui rentre ou va lui donner à manger. Quand les poils de sa queue sont hérissés, il a peur ou se tient sur ses gardes.

Si le chat agite sa queue très fort, il exprime son mécontentement ou son excitation avant de bondir.

Oreilles pointées légèrement vers l'avant, ce chat est attentif et curieux.

Des oreilles qui parlent aussi

Oreilles droites, le chat est calme. Si elles sont orientées vers l'avant, il est à l'affût et les tourne en direction d'un bruit qui a éveillé son attention. Oreilles couchées sur le côté, le chat est en colère. Si elles sont plaquées vers l'arrière, attention, l'attaque est imminente !

Des yeux expressifs

Non seulement les pupilles du chat s'adaptent automatiquement à l'intensité de la lumière (voir page 7), mais aussi à celle de ses émotions. Ainsi, sous l'effet de la peur ou de la colère, le chat dilatera ses pupilles. Au contraire, s'il est complètement décontracté, ses pupilles vont se rétrécir pour ne devenir qu'une simple fente.

COMPORTEMENT

Le chat est, par nature, indépendant et très attaché à son territoire. Mais, bien que solitaire, c'est un animal social qui peut communiquer de façon remarquable avec l'homme et s'adapter à son environnement. Même si on ne peut pas le dresser comme un chien, il est possible de l'éduquer et de lui apprendre certaines règles, par exemple à reconnaître son nom et à venir quand on l'appelle. S'il lui arrive de quitter la maison quelques jours pour s'offrir une petite escapade, il n'aime pas, en revanche, que son maître soit absent trop longtemps, car il déteste la solitude.

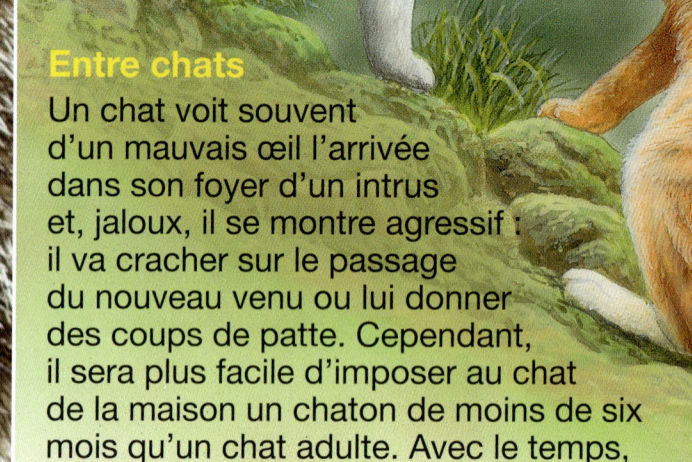

Entre chats

Un chat voit souvent d'un mauvais œil l'arrivée dans son foyer d'un intrus et, jaloux, il se montre agressif : il va cracher sur le passage du nouveau venu ou lui donner des coups de patte. Cependant, il sera plus facile d'imposer au chat de la maison un chaton de moins de six mois qu'un chat adulte. Avec le temps, les deux chats pourront peut-être devenir amis et même jouer ensemble et se toiletter mutuellement !

S'entendre comme chien et chat

Selon ce proverbe bien connu, chien et chat ne feraient pas bon ménage. Ils n'ont pas le même langage. Ainsi, le chien remue sa queue en signe de contentement, le chat en signe d'agacement. Pourtant, lorsqu'ils sont élevés ensemble, chien et chat peuvent cohabiter pacifiquement et même se prendre d'une grande affection l'un pour l'autre. Le chien protégera le chat de la maison, tandis qu'il chassera tous les autres chats du quartier. Il est plus facile d'adopter un chat en ayant déjà un chien que l'inverse, et l'idéal serait d'accueillir tout petits un chiot et un chaton pour qu'ils grandissent ensemble.

Amateur de caresses et de câlins

Laisser une main amie le caresser est pour le chat une marque de confiance et d'affection. On pense que ces caresses lui rappellent les coups de langue pleins de tendresse que sa maman lui prodiguait lorsqu'il était petit. D'ailleurs, ceux qui ont manqué de cette tendresse maternelle sont moins amateurs de câlins. Les chats adorent qu'on les caresse sous le cou, sur le dos ou derrière les oreilles. Mais ils détestent être flattés à rebrousse-poil. Et lorsque le chat estime que le câlin a assez duré, il s'en va. Inutile d'insister !

Curieux et explorateur

D'un naturel curieux, le chat inspecte tout ce qu'il trouve sur son territoire : il adore grimper sur les étagères, se cacher dans des cartons où il se sent en sécurité, explorer les armoires, se promener sur le clavier de l'ordinateur ou même visiter des endroits dangereux, comme le tambour de la machine à laver. Un sac ou des chaussures qui traînent par terre l'attirent tout de suite : il tourne autour et puis, hop ! s'y engouffre, à la recherche d'odeurs enivrantes.

UN VÉRITABLE ACROBATE

Gymnaste hors pair, funambule à ses heures, le chat est un véritable acrobate et le roi de l'équilibre. Grâce à son squelette muni de nombreuses articulations (environ 250 os, parfois plus selon la longueur de la queue, contre 206 chez l'homme) et à sa puissante musculature constituée de plus de 500 muscles, il peut à sa guise se mouvoir en tous sens, courir, bondir, escalader ou bien se glisser dans un passage très étroit en resserrant au maximum ses épaules flexibles.

Tout en muscles

Le chat est pourvu d'épaules très mobiles, d'une colonne vertébrale flexible, aux articulations bien souples, et de muscles puissants. En vrai contorsionniste, il peut arrondir son dos, s'étirer ou se tordre sans peine. Quand il fait sa toilette, il peut atteindre presque toutes les parties de son corps avec sa langue ou ses pattes, excepté la base du cou entre les omoplates.

Funambule à ses heures

Perché en haut d'un grillage ou d'une palissade, le chat se maintient miraculeusement en équilibre. Sa queue lui sert de balancier : s'il penche un peu trop d'un côté, un simple coup de queue l'aide à se redresser. Tel un funambule, il saura se promener à son aise sur une surface très étroite, tenant ses pattes de devant bien rapprochées, en ne touchant le support que du bout des doigts. À l'aide de ses moustaches, il repère d'éventuels obstacles.

Champion de saut

En sportif accompli, le chat bat des records de saut en longueur, allant jusqu'à cinq à six fois la longueur de son corps ! D'où lui vient cette détente prodigieuse ? Des puissants muscles de ses pattes arrière, qui fonctionnent comme des ressorts. Pour franchir un mur, il pourra sauter jusqu'à cinq fois sa hauteur et courir à 40 km/h (presque aussi vite qu'une voiture en ville) sur une courte distance !

Un as de l'escalade

Quand il veut grimper en haut d'un arbre, le chat prend appui sur ses pattes arrière puis s'élance d'un bond. Pas besoin de crampons : en un clin d'œil, il sort ses griffes et les plante dans l'écorce du tronc pour s'agripper et se hisser vers le haut. Mais il est beaucoup moins agile en descente. Aussi, il reste parfois bloqué et doit alors attendre que l'on vienne le secourir.

L'art de retomber presque toujours sur ses pattes

Comment le chat fait-il pour retomber si sûrement sur ses pattes ? C'est un étonnant réflexe de survie qui l'aide à se retourner instinctivement en l'air, dans sa chute, pour faire face au sol. À l'atterrissage, ses pattes, tels des ressorts, vont amortir le choc. Mais attention, si le chat ne tombe pas d'assez haut et n'a pas le temps de se retourner, il peut se faire mal ! Inversement, s'il tombe d'un cinquième étage, la chute peut entraîner de graves fractures et des hémorragies internes parfois mortelles. C'est pourquoi, après une chute importante, il est indispensable d'emmener son chat chez le vétérinaire.

Lors d'une chute, le cerveau du chat, prévenu par l'oreille interne, ordonne à sa tête de se tourner pour faire face au sol.

La tête pivote donc, puis le corps suit. Le chat s'étire pour augmenter sa résistance à l'air.

Avant l'atterrissage, le corps se cambre et les pattes se tendent pour mieux absorber le choc du contact avec le sol.

15

LA JOURNÉE DU CHAT

Pendant la journée, le chat joue, dort, fait sa toilette, mange, se promène et chasse sur son territoire, qu'il a organisé en plusieurs zones : une zone de repos, souvent située en hauteur, où il peut s'isoler et où il ne tolère aucun intrus, plusieurs zones d'activités pour jouer, se promener, chasser, s'alimenter et une autre pour faire ses besoins. Pour aller d'une zone à l'autre, le chat passera toujours par les mêmes chemins, qu'il a balisés en y déposant ses odeurs.

Griffer pour marquer son territoire

En griffant un tronc d'arbre ou un autre support comme un poteau, un pied de table ou la tapisserie, le chat dépose sur son territoire des marques bien visibles, ainsi que des traces odorantes, au moyen de glandes situées entre ses coussinets. Le chat délimite aussi son territoire en urinant debout contre les arbres ou les murs, afin d'interdire aux autres chats de s'y aventurer.

Explorer son territoire

Chaque jour, le chat explore et surveille son territoire. Il en connaît les moindres recoins : les buissons où se cacher, les terriers de mulots, les postes d'observation… En passant, il frotte sa tête contre les feuillages, les arbres ou les pierres pour y renouveler régulièrement son odeur (voir page 9), ce qui facilite aussi son orientation. Dans la maison, il se frotte contre les pieds de table ou de chaise. Après un déménagement, le chat doit marquer son nouveau territoire et y prendre ses repères.

Faire sa toilette

Propre comme un sou neuf, le chat passe beaucoup de temps à se toiletter, du bout de la langue, plusieurs fois dans la journée. Cette toilette minutieuse lui permet non seulement de débarrasser son poil de la poussière et des parasites, de se rafraîchir, de déposer son odeur sur sa fourrure, mais aussi de se calmer et de se détendre. Le chat doit lécher sa patte, qui lui sert de gant de toilette, pour se nettoyer les oreilles, qu'il ne peut atteindre avec sa langue. En cas de contrariété, par exemple s'il n'a pas réussi à attraper un oiseau, il peut se lécher les flancs vigoureusement pour détourner son attention et oublier.

Jouer, chasser, se battre

Un chat en bonne santé joue avec entrain. Cela le maintient en pleine forme, le détend et l'exerce à la chasse. Une balle, un bout de ficelle, et voici le chat qui guette, saute et bondit avec frénésie. Mais impossible de le faire jouer s'il n'en a pas envie ! Les chats domestiques jouent davantage que les chats vivant dans la nature, qui, eux, ont d'abord pour but cette recherche de nourriture qui occupe une grande partie de leur temps. C'est surtout la nuit qu'ils chassent. Mais gare aux bagarres entre matous se disputant la même chatte ou le même territoire !

C'est à l'aube et au crépuscule que les chats sont le plus actifs.

Dormir

Ce grand paresseux dort environ seize heures par jour et fait plusieurs siestes dans la journée. Comme chez l'homme, son sommeil alterne des périodes de sommeil profond, entrecoupées de périodes de sommeil où son cerveau reste actif et durant lesquelles il rêve. Si on le voit battre le bout de sa queue, bouger ses pattes ou ses moustaches et pousser parfois de petits cris, peut-être rêve-t-il qu'il chasse une souris !

LA CHASSE

Dans la nature, le chat, comme tous les félins, chasse pour se nourrir. Carnivore, il mange surtout de la viande fraîche. Mulots, souris, taupes, lapereaux, écureuils figurent à son menu habituel. Il s'élancera aussi pour essayer d'attraper au vol oiseaux, mouches et papillons, mais parfois sans succès. Doté d'une excellente mémoire, ce chasseur solitaire reviendra souvent là où il a déjà chassé avec succès. Même domestiqué et bien nourri, il continuera à chasser, poussé par son instinct et pour son plaisir.

Chasseur à l'affût

Camouflé dans les hautes herbes, le chat repère ses proies à la vue, à l'odorat et à l'ouïe. De son regard perçant, il observe les allées et venues des petites bêtes et devine leurs cachettes. Au moindre bruit, entendant jusqu'aux ultrasons (des sons imperceptibles à l'oreille humaine), il va détecter la présence d'un minuscule rongeur. Oreilles dressées, pupilles dilatées et moustaches dirigées vers l'avant, il s'en approche à pas de velours, en rampant au ras du sol.

Chat qui pêche

Le chat n'aime pas vraiment l'eau, mais il raffole du poisson ! C'est pourquoi il pourra être tenté par une partie de pêche. Pas besoin de canne à pêche : le chat, doué d'une grande habileté, va se servir de sa patte, qu'il n'hésite pas à tremper dans l'eau en la recourbant comme une cuillère, pour plaquer le poisson contre la paroi de l'aquarium. Il plantera ensuite ses griffes entre les écailles de sa proie.

Jouer à chasser

Jouer à guetter, bondir, se poursuivre : toutes ces pratiques miment en réalité les gestes de la chasse. Même lorsqu'il joue, le chat reste au fond de lui-même un prédateur. Rien ne l'amuse plus que de sauter sur une balle ou une boulette de papier, de l'attraper entre ses pattes et de la lancer en l'air. Cette gymnastique stimule ses réflexes et lui permet d'entraîner ses muscles. Il peut également lui arriver de sauter sur les jambes de son maître ou d'un invité, comme s'il s'agissait d'une proie !

Un saut géant pour attaquer

Tout proche de sa proie, le chat remue la queue en signe d'excitation et, d'un bond prodigieux, saute sur elle, toutes griffes dehors. Il l'immobilise au sol et la tue souvent d'une simple morsure au cou. Puis il rapporte son trophée dans sa gueule vers un lieu sûr où il pourra le manger tranquillement, à l'abri des regards indiscrets, où on ne le lui volera pas.

Avant de tuer une souris, le chat la mordille, la lance en l'air, la rattrape, lui donne des coups de patte pour voir si elle remue encore et la secoue dans sa gueule. Il ne fait pas cela par cruauté, mais parce que sa proie qui bouge le fascine et l'excite. Cette scène se prolongera davantage si le chat n'est pas vraiment affamé.

19

LES CHATONS

La chatte peut concevoir des petits à partir de six mois environ. Elle les attend pendant à peu près deux mois. À leur naissance, les chatons, entièrement dépendants de leur mère, sont sourds et aveugles et ne pèsent qu'une centaine de grammes. Entre sept et quinze jours, ils ouvrent les yeux et leur vue se développe. Vers quinze jours, ils sont capables d'identifier les sons pour s'orienter. Au bout de dix-sept à vingt jours, ils peuvent enfin se déplacer sur leurs pattes de façon coordonnée. Les chatons resteront attachés à leur mère jusqu'à quatre mois.

La naissance des chatons

Avant la naissance, la chatte se réfugie à l'abri de la lumière, dans un endroit tranquille comme un carton tapissé de journaux ou un taillis dans la nature. Quand vient le moment de la mise bas, elle s'allonge ou s'accroupit et les chatons sortent l'un après l'autre, tête la première ou par les pattes, encore enveloppés d'une poche blanchâtre remplie de liquide. La chatte déchire cette poche, coupe le cordon ombilical et mange le placenta. Puis elle réchauffe ses petits, les lèche, stimule leur respiration et les nettoie à grands coups de langue. Une portée peut compter trois ou quatre chatons en moyenne, exceptionnellement jusqu'à dix.

Les chats amoureux

Plusieurs fois par an, la chatte est prête à s'accoupler et cherche un fiancé. Devenant très câline, elle se roule par terre et pousse de longs miaulements pour attirer des prétendants. Elle sème des odeurs en se prélassant sur le sol et en faisant pipi pour bien signaler sa présence. Aussitôt, les chats du quartier accourent et chacun lutte à coups de griffes et de dents pour être l'élu. Le vainqueur et la chatte se flairent longtemps, crachent et se donnent même des coups de griffes ! Puis l'accouplement a lieu. Parfois, la chatte s'accouplera tour à tour avec plusieurs chats. Elle mettra alors au monde, dans une même portée, des chatons aux couleurs très différentes !

L'heure de la tétée

La chatte allaite souvent, couchée sur le flanc, avec ses huit mamelles. Sans voir ni entendre, guidés par leur odorat, les chatons rampent vers les tétines. Chacun en choisit une qui deviendra la sienne. Pendant les deux premiers jours, ils tètent d'abord du colostrum, un liquide riche en anticorps qui les protégera contre les maladies. Puis ce sera du lait. Le poids des nouveau-nés double quasiment en une semaine. Lorsque la chatte sent qu'elle a moins de lait, à partir de quatre à cinq semaines, elle encourage ses petits à manger de la nourriture solide. C'est le sevrage. À huit semaines, les chatons ont toutes leurs dents de lait. Plus question de téter, leur mère leur refuse d'accéder aux mamelles !

Dès que le chaton a quatre semaines, sa mère lui apporte un oiseau ou un petit rongeur mort pour qu'il se familiarise avec les proies. Vers huit semaines, elle le met face à des proies vivantes pour qu'il apprenne à les attraper et à les tuer. À quatre mois, le jeune chat chasse tout seul.

Une mère attentive

La chatte veille sur ses petits et les protège. Au moindre danger, elle les saisit dans sa gueule et les transporte en lieu sûr. Elle leur apprend à se toiletter ainsi qu'à faire leurs besoins et à les recouvrir. Lorsqu'ils jouent, elle leur enseigne à contrôler leurs mouvements et l'action de leurs griffes et de leurs crocs pour qu'ils ne se blessent pas. S'ils sont trop turbulents, elle les gronde en leur donnant des coups de patte sur le museau !

À trois semaines, le chaton commence à jouer avec ses frères et sœurs.

S'OCCUPER DE SON CHAT

Un chat à la maison, quel bonheur ! Dès son arrivée, l'important est de lui aménager un coin repos, si possible en hauteur, un coin repas et un endroit pour sa litière. Si c'est un chaton, il faudra faire son éducation : lui apprendre, en lui disant non fermement, à ne pas grimper sur les tables ou griffer le canapé, et le poser souvent dans son bac pour qu'il s'habitue à y faire ses besoins. Si on reste calme et décidé, le chaton comprendra très vite. Mais les jeux et les câlins sont aussi indispensables à son bien-être.

Tout beau, tout propre

Le chat se débrouille tout seul pour faire sa toilette, mais pour la séance de brossage, les mains de son maître lui sont nécessaires. En effet, un chat aux poils longs doit être brossé et peigné chaque jour, sinon ses poils font des nœuds que le chat avale quand il se lèche et qui vont former des boules dans son estomac. Pour un chat à poil court, le peigner une fois par semaine suffira, toujours dans le sens du poil, surtout en période de mue. Le chat appréciera ce moment partagé avec son maître.

Un petit coin pour ses besoins

Pour faire ses besoins, le chat doit avoir à sa disposition un bac rempli de litière propre, dans un endroit tranquille, à l'abri des regards indiscrets et, si possible, loin de sa gamelle. On doit changer très régulièrement la litière, car le chat aime la propreté. Très soigneux, il gratte la litière pour enterrer ses crottes.

Un fin gourmet

Grignoteur et gourmet à la fois, le chat, plutôt que deux gros repas chaque jour, préfère en prendre plusieurs petits. Il peut en faire une quinzaine ! Prudent, il flaire toujours la nourriture avant de la manger. Pour bien grandir et rester en bonne santé, il a besoin d'une nourriture équilibrée, à base de viande ou de poisson. Ce pourront être des aliments tout prêts (croquettes ou pâtée en boîte), qui tiennent compte des besoins des chats selon leur âge et leur mode de vie. Il faut aussi veiller à laisser un bol d'eau claire à sa disposition. Certains chats préfèrent d'ailleurs boire directement l'eau qui coule du robinet !

Afin de se débarrasser de tous les poils qu'il avale en faisant sa toilette, le chat a une solution : manger de l'herbe. Celle-ci l'aide en effet à régurgiter ces poils et lui apporte certaines vitamines. Si le chat n'a pas de jardin et vit en intérieur, on peut lui acheter un pot d'herbe à chat (jeunes pousses d'orge, d'avoine ou de blé). Il adorera mâchonner ces herbes, qui lui feront vomir ses poils gênants.

En voyage

Pour emmener le chat chez le vétérinaire ou en vacances, un panier en plastique ou en osier sera bien utile. Mais pas toujours facile de décider minet, souvent anxieux et stressé, à entrer dans sa caisse. Très casanier, le chat a horreur des déplacements et préfère rester chez lui. Cependant, si on l'habitue tout petit, il supportera mieux les voyages. Quand on ne peut pas l'emmener en vacances, on le confie à quelqu'un de confiance qui passera le nourrir et jouer avec lui tous les jours.

Un chat bien identifié

Chaque propriétaire d'un chat doit le faire identifier par une puce électronique, qu'un vétérinaire place sous sa peau. Grâce à ce numéro d'immatriculation, qui pourra être déchiffré par un appareil spécial, on retrouvera rapidement le propriétaire d'un chat perdu. Mais on n'oubliera pas de mettre à jour ses coordonnées en cas de déménagement !

Un chat en pleine forme

Pour rester en bonne santé, le chat, comme nous, doit être vacciné afin d'être protégé de certaines maladies infectieuses (coryza, typhus, leucose). Chaque année, une visite chez le vétérinaire s'impose pour faire les rappels, qu'il note sur son carnet de santé. En outre, il est nécessaire de le vermifuger régulièrement pour lui éviter d'attraper des vers et lui administrer un traitement préventif contre les puces et les tiques. Si un chat n'a plus faim, n'a plus envie de jouer et s'isole, attention, il est peut-être malade. Il faut consulter le vétérinaire dès que son comportement change.

LES RACES

Élancés ou trapus, à poils courts ou longs, unis, rayés ou tachetés : il existe une grande variété de chats. Les plus nombreux sont des chats de gouttière, ou chats de maison, issus d'un grand mélange de races. Les chats de race, originaires des quatre coins du monde, ont des caractéristiques bien définies concernant la forme du corps et la couleur de la robe, le caractère... Ces divers traits, appelés standards, ont été fixés dès le XIXe siècle, lors d'expositions félines. Chaque chat de race a son pedigree, un document où figure la lignée de ses ancêtres.

Le persan

Juché sur de courtes pattes, ce chat venu de Perse (l'actuel Iran) fascine par son allure majestueuse et ses yeux ronds, très expressifs, illuminant sa tête arrondie au cou massif. Sa fourrure très longue et sa queue en panache demandent un brossage quotidien et des bains réguliers. Il existe plus de 200 variétés de persans, aux robes et couleurs variées.

Le norvégien

Bien charpenté et résistant, le norvégien ne craint ni le froid ni la neige ! Il a un sous-poil laineux recouvert d'une couche de poils imperméable. Bons chasseurs et excellents grimpeurs, les norvégiens peuvent être blancs, noirs, roux, bleus ou de plusieurs couleurs à la fois.

Le ragdoll

Pourquoi ce grand chat aux yeux bleus et à la longue queue en panache a-t-il été appelé « ragdoll » (poupée de chiffon en anglais) ? Pour son caractère doux et paisible. Prenez-le dans vos bras, il peut s'y abandonner et, complètement relaxé, se faire aussi souple qu'une poupée de chiffon ! Très câlin, il est aussi réputé pour sa gentillesse.

ngora turc

hérité de ses ancêtres, venus d'Ankara
Turquie, son nom et son corps gracieux
 de beaux poils mi-longs. Il se
ingue aussi par sa tête triangulaire aux
x en amande, ses longues pattes et
queue qui ressemble à une plume
utruche. Le blanc est sa couleur
lus courante, mais on
ve aussi des
oras turcs
olores
tigrés.

Le birman

Élégant, le chat sacré de Birmanie se remarque à ses petits pieds tout blancs appelés gants. De sa tête ronde aux longues moustaches perce un regard d'un bleu intense. Comme chez le siamois, sa robe est plus foncée aux extrémités, au niveau de la face, des oreilles, des pattes et de la queue.

Le Maine coon

Rustique et robuste, c'est le plus grand des chats domestiques, pouvant peser 7 à 12 kg (4 à 8 kg pour les chattes). Son corps puissant au poil mi-long, de diverses couleurs, est orné d'une longue queue en plumeau bien fournie. Ce chat facile à vivre et débordant d'énergie tire son nom d'une légende qui l'imagine né du croisement d'un raton laveur (« raccoon », en anglais) et d'un chat de l'État du Maine (États-Unis).

L'European shorthair

C'est le descendant des chats communs d'Europe. Cette race, reconnue depuis 1983, ne doit pas être confondue avec les chats de gouttière. Solide et rustique, l'European shorthair a une tête assez ronde et un corps musclé. Son pelage court et dense peut prendre un grand nombre de couleurs et de motifs.

L'abyssin

Avec sa silhouette élancée, ses yeux en amande et sa longue queue fine, ce chat ra ressemble étrangement aux ch que l'on voit représentés sur le temples de l'Égypte ancienne. Il est peut-être originaire d'Afrique. Sa robe tiquetée, où chaque poil porte des bandes de couleur claire et fonc réfléchit la lumière.

Le siamois

Comme son nom l'indique, le siamois est originaire du royaume de Siam, l'actuelle Thaïlande, où il était réservé à la famille royale. Avec sa silhouette svelte, ses mouvements gracieux et ses jolis yeux bleus en amande, il aime suivre son maître partout. Sa robe la plus courante est beige clair, avec des pointes brun foncé à la queue, aux pattes, aux oreilles et au masque, où elles recouvrent le nez. Il miaule beaucoup d'une voix rauque tout à fait spéciale.

Le chartreux

C'est une très ancienne rac française. Avec son allure d nounours, ce chat gris-bleu est un bel exemple de forc et d'agilité féline. Un mâle peut peser 7,5 kg ! Sa fourr très dense, laineuse et douce, variant du gris-bleu soutenu au gris-bleu clair, est luisante comme celle d'une loutre.

Le bobtail japonais

Appelé Mi-Ke par les Japonais, le bobtail tricolore, avec un pelage blanc, noir et roux, est réputé porter bonheur ! Il ne passe pas inaperçu, avec sa queue courte et touffue en forme de chrysanthème qu'il enroule sur elle-même quand il est au repos. On ne voit pas, chez ces bobtails, deux queues identiques !

Le Devon rex

Tout bouclé comme un agneau, ce chat a des allures de lutin. Sa race est issue d'un chaton au poil frisé né en Angleterre en 1960. Ses poils ne demandent pas beaucoup d'entretien.

Scottish fold

ec ses oreilles rabattues casquette et son corps t rond, on le remarque premier coup d'œil. tte pliure des oreilles araît chez les chatons artir de 3 à emaines.

Le manx ou chat de l'île de Man

C'est un chat sans queue, ou presque, donc très facile à reconnaître. Il vit depuis des siècles sur l'île de Man, dans la mer d'Irlande. Une légende raconte que, tandis qu'il montait en dernier dans l'arche de Noé, la porte se serait fermée sur sa queue. Par ailleurs, grâce à ses pattes arrière beaucoup plus longues que celles de devant, le manx détale et saute comme un lapin !

TABLE DES MATIÈRES

LE CHAT **6**

LE LANGAGE DU CHAT **8**

COMPORTEMENT **12**

UN VÉRITABLE ACROBATE **14**

LA JOURNÉE DU CHAT **16**

LA CHASSE **18**

LES CHATONS **20**

S'OCCUPER DE SON CHAT **22**

LES RACES **24**

MDS : 184977N2
ISBN : 978-2-215-14288-1
N° d'édition : J19093
© FLEURUS ÉDITIONS, 2016
Dépôt légal à la date de parution.
Conforme à la loi n° 49-956 du 16 juillet 1949
sur les publications destinées à la jeunesse.
Imprimé en Italie par Ercom (02/19).